AF567628

Erich Mühsam

Soll man Memoiren schreiben?

Essays

Erich Mühsam

Soll man Memoiren schreiben?

Essays

Mit einem Nachwort von Gunna Wendt

Limbus Verlag

Die Orthografie wurde behutsam den heutigen Lesegewohnheiten angepasst, ohne inhaltliche Veränderungen vorzunehmen.

Gesetzt aus der Baskerville.

Die für diese Ausgabe verwendeten Texte erschienen erstmals als Feuilletons in der Berliner *Vossischen Zeitung* in den Jahren zwischen 1927 und 1929. Später wurden sie unter dem Titel *Unpolitische Erinnerungen* (1931) auch als Buch veröffentlicht.

Bibliografische Information der Deutschen Nationalbibliothek: Die Deutsche Nationalbibliothek verzeichnet diese Publikation in der Deutschen Nationalbibliografie; detaillierte bibliografische Daten sind im Internet über www.dnb.de abrufbar.

Druck: Finidr, s.r.o.
Einbandillustration: © Hannah Flattinger
ISBN 978-3-99039-226-3
www.limbusverlag.at

»Leb, dass du stündlich sterben kannst,
in Pflicht und Freude stark und ehrlich.
Nicht dich – das Werk, das du begannst,
mach für die Menschheit unentbehrlich.«

Erich Mühsam

Soll man Memoiren schreiben?

Was, zum Teufel, gehen eigentlich andere Leute meine Erlebnisse an?! Du hast, sagen meine Freunde, mehr erlebt als die meisten; du solltest, wo du jetzt an die fünfzig herankommst, deine Memoiren schreiben.

Mehr erlebt? Niemand erlebt mehr als ein anderer; jeder erlebt im Maße der Zeit, und dieses Maß hat nur eine Eichung, fasst nicht verschiedene Mengen. Ich habe nicht mehr erlebt als die meisten. Ich habe erlebt wie alle Menschen meines Alters: vom Morgen zum Abend und vom Abend zum Morgen, im Wachen und im Schlafen, im Gehen, Stehen und Sitzen, im Arbeiten und im Träumen, im Spiel, in der Liebe und im Kampf. Ich habe anderes erlebt als die meisten – das wird wohl wahr sein. Kommt es darauf viel an? Etwas vielleicht. Es kommt an auf die Intensität des Erlebens, auf die Beteiligung von Geist und Seele am äußeren Geschehen, auf Impuls und Heftigkeit der Mitwirkung an Leben und Erlebnis. Es kann aber nicht Sache des Memoirenschreibers sein, zu bestimmen, mit wie viel Kraft sein seelischer Motor läuft. Über die Richtung der Erlebnisse, in die mein Temperament mich drängte, kann ich aussagen, nicht über den Grad der Wallungen, die die Erlebnisse bewirkten. Den mögen die Nekrologe post mortem ermessen anhand der kontrollierbaren Niederschläge des Charakters, der Gedichte und Aufsätze, der Tagebücher und Briefe, der sichtbar gewordenen Einwirkung auf den Gang der öffentlichen Dinge, meinetwegen auch der Anekdoten, die nahe Freunde und gelegentliche Bekannte des Erzählers wert halten mögen. Wozu also Memoiren schreiben?

Es kann sein, dass nur derjenige anderes erlebt als die meisten, der anders erlebt als sie. Es liegt mir aber wenig, vor unbekannten Lesern Beichten abzulegen von meinen Freuden, Schmerzen, Gefühlen und Empfindungen, von der ganzen Art meines Reagierens auf die Erscheinungen meiner Umwelt – es sei denn in den selten gewordenen lyrischen Auslassungen, die aus dem Drange entstehen, sich selbst Rechenschaft zu geben, und die man drucken lässt – warum eigentlich?: aus Eitelkeit, literarischem Ehrgeiz, seelischem Exhibitionsdrang, der das Charakteristikum des Künstlers ist, oder – nun ja, weil bei genügendem Abstand vom lyrisch geformten Gegenstand das Gedicht seinem Autor auch unter dem Gesichtspunkt der pekuniären Ertragsfähigkeit interessant wird. Memoiren schreibt man gleich für andere. Daher habe ich die Frage: *Was gehen andere Leute meine Erlebnisse an?* besser so zu formulieren: Welche meiner Erlebnisse gehen andere Leute an? Worauf zu antworten wäre: diejenigen, die nicht meine Erlebnisse allein sind, sondern in irgendwelcher Beziehung zur Zeitgeschichte, zur Kultur und zur Kennzeichnung der Gegenwart stehen.

Es gibt noch etwas anderes zu bedenken, bevor ans Werk gegangen werden darf, rückschauend Erinnerungen zu sammeln. Memoiren schreiben heißt Inventur aufnehmen, heißt Erlebnisse registrieren, heißt einen Schlussstrich ziehen unter eine abgeschlossene Rechnung. Mir kommt es umso mehr zu, mich mit diesem Bedenken auseinanderzusetzen, als eine meiner unangenehmsten Erinnerungen, die mir bis heute als Vorwurf gegen mich selbst im Gedächtnis geblieben ist, eben mit dem Einwand gegen das Memoirenschreiben zusammenhängt, der hier zu erörtern ist. In der Einleitung des dritten Bandes seiner gesammelten Werke, die nach seinem Tode von Freunden herausgegeben wurden (bei Egon Fleischel 1907), sagt

Heinrich Hart zu seinen *Literarischen Erinnerungen*:

»Als ich einige Bruchstücke dieser Erinnerungen im *Tag* veröffentlicht hatte, machte ein lieber Freund die liebevolle Bemerkung: ›Erinnerungen pflegt man zum Besten zu geben, wenn man sich am Abend seines Lebens, seine Kräfte ermatten fühlt und die produktive Epoche seines Daseins hinter sich hat.‹ Leider werde ich wohl so boshaft sein, mit meiner Person diese Hoffnung nicht zu bestätigen, werde mich schwerlich schon jetzt vom Mitlauf und Mitringen in der großen Arena zurückziehen.«

Leider zog er sich doch recht bald nach dieser Verwahrung aus der großen Arena zurück; er starb im Juni 1906, die liebevolle Bemerkung, die er zitiert, hatte ungefähr 1904 im Magazin für Literatur gestanden, der liebe Freund aber, der sie gemacht hatte, war ich. Ich hätte sie ihm bestimmt abgebeten, wenn die Zeit ihr Gras statt über Heinrich Harts Grab über die keineswegs wichtigen Verstimmungen hätte wachsen lassen, die der Anlass meiner Bosheit waren. Mögen denn jetzt nach mehr als zwanzig Jahren seine Manen die Abbitte entgegennehmen, die ich gern und dankbar leiste, denn Heinrich Hart war derjenige, der mich bei dem Ursprung aus dem bürgerlichen Beruf eines Apothekergehilfen ins Ungewisse dessen, was mir Freiheit schien und was sich auf dem schwanken Grunde der erwerbsmäßigen Schriftstellerei aufbauen sollte, ermutigte und förderte und mir so lange ein selbstloser und guter Berater war, bis mein Enthusiasmus für die von ihm und seinem Bruder Julius Hart begründete »Neue Gemeinschaft« verflogen war und mein rebellisches Temperament mich steinigere Wege aufsuchen ließ. Sachliche Differenzen wuchsen sich zu persönlichen aus, wobei mir Unrecht geschah, was ich sehr schwernahm. Meine Rache aber schoss in die verkehrte Ecke auf Heinrich Hart, der an den Stänkereien gegen mich, die ich damals für Intrigen und noch Ärgeres hielt, gar keinen Anteil hatte. Sollte es also dazu kommen, dass ich meine Memoiren doch schreibe, so sei das Schuldkonto gegen den ersten Mentor meines literarischen Lebensweges gleich anfangs aufgezeigt und durch ein lautes *Peccavi!* zu begleichen versucht. Von Heinrich und Julius Hart und von der »Neuen Gemeinschaft« wird dann noch mancherlei Friedliches zu erzählen sein.

Was ich aber als Sechsundzwanzigjähriger in Bitterkeit und um zu verletzen schrieb, hat das nicht, losgelöst von allem Persönlichen, dennoch seine volle Berechtigung? Ich finde: ja. Man kann nicht mitten »in der großen Arena« im »Mitlauf und Mitringen« einhalten, geruhsam Platz nehmen, am Bleistift lecken und jede Kurve des Wettlaufs, jeden Griff des Ringkampfs notieren, um sofort wieder in die Hände zu spucken und weiter zu starten. In der Tat habe ich Aufforderungen, ich solle Erinnerungen schreiben, aus der Buntheit und Fülle meiner Begegnungen und Abenteuer ein Buch schaffen – und solche Anregungen sind schon früher oft an mich herangetreten –, noch immer mit dem Einwand abgewiesen, ich sei noch nicht fertig mit meiner Biographie, das Material sei noch nicht beisammen, ich stecke noch mitten drin im Erleben.

Selbst in der mehr als fünfeinhalbjährigen bayerischen Gefangenschaft, die mir die Muße zu solcher Arbeit viel leichter gewährt hätte als zu großen literarischen Unternehmungen anderer Art, zu denen ich dank der Behinderungen durch den Strafvollzug die Konzentration nicht fand – selbst in Niederschönenfeld konnte ich mich nicht dazu entschließen, Memoiren zu schreiben. Dazu brachte gerade dort jeder Tag zu heftige Erregungen und seelische Erschütterungen; dazu stand auch der Aufenthalt in der

Festung in zu enger Verbindung mit den Vorgängen, die mich hineingebracht hatten und die immerhin den bewegtesten Teil meiner Erlebnisse ausmachen. Die Erlebnisse, die ich zu Memoiren sortieren sollte, waren noch brausende Gegenwart, die Gegenwart aber lässt sich nicht in Erinnerungen zerlegen.

Die Arena des politischen Kampfes, des Meinungskampfes, hat mich bisher nicht freigegeben, wird mich auch nie freigeben, solange nicht Ziele erreicht sind, die nicht die Ziele der Leser dieser Bekenntnisse sind. Politische Memoiren denke ich somit in absehbarer Zeit nicht zu schreiben. Vielleicht werde ich einmal im Rollstühlchen sitzen, müde, runzlig und resigniert – dann mag meinetwegen auch auf dem Gebiet des sozialen Geschehens der erzählende Schriftsteller den Agitator, Propagandisten und auf öffentliches Wirken bedachten Menschen ablösen. Die Frage erhebt sich: Lässt sich Leben und Schicksal eines in verschiedenen Bezirken geistiger Regsamkeit tätigen Individuums im Ausschnitt betrachten? Kann ich den Teil meiner Daseinsbemühungen, der um Wandlung von Welt und Gesellschaft geht, herausnehmen aus meinen Erinnerungen und Rückschau halten nur auf Begebenheiten, die außerhalb des politischen Kampfplatzes geschahen? Ich glaube, das wird möglich sein. Gerade meine Vergangenheit lief viele Jahre auf zwei getrennten Geleisen, und wenn die Schienen auch manchmal einander eng berührten oder selbst schnitten, so war ich doch streng bedacht, die Züge, deren einen ich als Passagier benutzte, deren anderm ich die Weichen zu stellen strebte, nicht aneinanderfahren zu lassen.

Ich galt ja wohl lange Zeit als »Prototyp eines Caféhausliteraten«, und doch war es für niemanden ein Geheimnis, dass ich in Arbeiterzirkeln verkehrte, mit Zettelverteilung und Hauspropaganda Kleinarbeit tat, an Gruppenabenden Vorträge und in öffentlichen Versammlungen Agitationsreden hielt. Ich stand als Angeklagter in politischen Prozessen vor dem Strafrichter, und jeder wusste, dass ich im Privatleben unter Künstlern zigeunerte, in Kabaretts lustige Gedichte, Schüttelreime und allerlei Bosheiten vortrug, mich in Berlin, München, Zürich, Genf, Florenz, Paris, Wien herumtrieb, in fidelen Ateliers, ein Mädel auf dem Schoß, schlechte Witze riss, mit den zeitlosen Schwärmern der Boheme wie dem prachtvollen Friedrich von Schennis ganze Nächte durch zechte und mit vielen berühmten Leuten, die ich – nicht immer bloß für mich – anpumpte, befreundet war.

»Sie reiten stehend auf zwei Gäulen«, sagte mir einmal Frank Wedekind, »die nach verschiedenen Richtungen streben; sie werden Ihnen die Beine auseinanderreißen.« – »Wenn ich einen laufen lasse«, erwiderte ich, «verliere ich die Balance und breche mir das Genick.«

Heute stimmt das Bild nicht mehr. Krieg, Revolution, Gefängnis, nahes Mitleben schwerer Schicksale, tiefgehende Veränderungen der Umwelt, daneben auch wohl das Nachlassen der physischen Elastizität, wachsende Neigung zur Regelmäßigkeit und die Schaffung eines eigenen Hausstandes haben meinem Lebensritt das Zirkusmäßige abgewöhnt.

Wenn mich mein Gefühl nicht täuscht, sitze ich nun fest im Sattel, wenn auch gerade auf dem Pferd, von dem Wedekind mich gern befreit gesehen hätte; das andere, das geflügelte, führe ich neben mir an der Trense und lasse mich nur in Feierstunden von ihm tragen. Ihr Futter aber erhalten beide aus derselben Krippe.

Ich blicke zurück. Hinter mir liegt das Caféhaus, die Boheme, der ungefegte Ballsaal des sorglosen Lebensspiels: Erinnerung – schöne, frohe, liebenswerte Erinnerung; aber keine Sehnsucht nach dem Vergangenen; keine Spur eines Zurückverlangens nach jenen Freuden und Gefahren des Zigeunertums. Das ist vorbei; das liegt hinter mir – endgültig. So wäre denn wohl nichts mehr dagegen einzuwenden, in diesem Teil meiner Vergangenheit, von dem der Gegenwart kaum etwas mehr gehört, zu graben. Ein paar hübsche Anekdoten werden dabei jedenfalls zutage kommen, ein paar Lichter werden auf die Charakterbilder von Menschen fallen, die ihrer Zeit von ihrem Geiste gaben; ein paar Persönlichkeiten, zu Unrecht vergessen oder verkannt, werden aus dem Schatten gehoben werden. Vielleicht lohnt es wirklich, im Gedächtnis zu wühlen und einige Kleinigkeiten zusammenzutragen, von denen dies und jenes späterhin einmal einem fleißigen Seminaristen als Beitrag zu seiner literarhistorischen Doktordissertation dienen mag.

Unpolitische Erinnerungen eines politischen Menschen! Aber warum soll ein Ackerbauer nicht, ehe das Korn schnittreif ist, die Blumen holen aus seinem herbstelnden Garten? Die Arbeit auf dem Felde wird darum doch getan.

Ich soll Memoiren schreiben? Ich werde euch, meine Freunde, hin und wieder ein paar

Blumen aus dem Garten holen. Aber ich habe, wenn auch die fünfzig bald da sind, auf meinem Ackerfelde noch viel zu tun.

Boheme

Vor zwanzig Jahren wurde schrecklich viel über den Begriff der Boheme und des Bohemiens orakelt, und ich gehörte zu denen, die sich gelegentlich in Zeitschriften um die Klärung des wichtigen Problems bemühten, ob ein Bohemien als Produkt sozialer Gegebenheiten oder als ahasverischer Menschentypus anzusehen sei, wie er, unabhängig von Zeit und Umwelt, aus dem Zwang individueller Eigenschaften entsteht. In einem Artikel, den Karl Kraus 1906 in seiner *Fackel* druckte, habe ich mich, wenn mich mein Gedächtnis nicht täuscht, im Sinne der Auffassung ausgesprochen, dass Boheme die gesellschaftliche Absonderung künstlerischer Naturen sei, denen die Bindung an Konventionen und die Einfügung in allgemeine Normen der Moral und der öffentlichen Ordnung nicht entspreche. Wogegen ich besonders polemisierte, war die neckische Leutseligkeit, mit der die Verehrer des »munteren Künstlervölkchens« einen Taler springen ließen, um irgendwo ein gereimtes Dankeschön zu erwischen oder sich im Kreise von Malern, Dichtern und hübschen Modellen angenehm und ein wenig sündhaft unterhalten zu lassen.

Meine eigene Lebensführung entsprach so wenig den Anforderungen grundsatzfester Zeitgenossen an geregelte Ausgeglichenheit, dass das Bestreben, mich doch wie jeden Menschen irgendwo einzuordnen, nur durch die Etikettierung als Bohemien erreicht werden konnte. Die mit dieser Bezeichnung verbundenen Assoziationen werden gemeinhin von Murgers *Zigeunerleben* und Puccinis Oper hergeleitet, wo materielle Kalamitäten so lange mit leichtsinnigen Scherzen verpflastert werden, bis die Kunstjünger arrivieren und die Kapitulation vor sittenstrammer Moral und staatsbürgerlicher Korrektheit vollziehen. Man braucht nur an die ganz großen Bohemenaturen der Weltliteratur, etwa an Li Tai Pe oder François Villon, zu erinnern, um die Seichtigkeit solcher Vorstellungen zu zeigen. Ich habe gewiss viele recht vergnügte Stunden in Gesellschaft künstlerischer Menschen verlebt, und wir haben uns gewiss, wenn kein Geld da war, mit allerlei gewagten Mitteln zu helfen gesucht, weniger um uns zu amüsieren, als um in häufig schlimmster Not unsere Kameradenpflicht zu erfüllen, aber dass das sozusagen organisierte Bummeln den Lebensinhalt geistig bewegter Persönlichkeiten ausgemacht hätte, dafür habe ich kein Beispiel gefunden. Weder

Armut noch Unstetigkeit ist entscheidendes Kriterium für die Boheme, sondern Freiheitsdrang, der den Mut findet, gesellschaftliche Bindungen zu durchbrechen und sich die Lebensformen zu schaffen, die der eigenen inneren Entwicklung die geringsten Widerstände entgegensetzen.

Stimmt die Definition, dann habe ich nichts gegen meine Charakterisierung als Bohemien einzuwenden, dann ist aber auch klar, dass Boheme angeborene Eigenschaft von Menschen ist, die sich dadurch nicht ändert, dass der Freiheitswille nicht auf die Führung des eigenen Lebens in größtmöglicher Ungebundenheit beschränkt bleibt, sondern sich in Arbeit für die soziale Befreiung aller umsetzt. Bewusst oder geahnt – der Rebellentrotz der Fronde war bei all den Bohemenaturen lebendig, die nur je meinen Weg gekreuzt haben, ob sie sich aus dumpfen Proletarierkreisen, aus bigottischer Kleinbürgeratmosphäre, aus behütetem Bürgerwohlstand oder aus dem Museumsstaub adliger Herrenschlösser zur Freiheit der Künste und zur Geselligkeit auf sich selbst gestellter Menschen geflüchtet hatten. Ich kann nicht mit Bestimmtheit sagen und will in diesem Zusammenhange, der Beschränkung meines Themas wegen, keine Vermutung begründen, warum die Boheme von heute so gut wie völlig unsichtbar ist; denn die Meinungsbörse im »Romanischen Café« wird im Ernst wohl niemand als den Sammelplatz freier Geister, aus Protest Entwurzelter und freiwillig Abseitiger ansehen, der das alte »Café des Westens«, das Münchener »Café Stefanie«, das »Café du Dôme« in Paris und das »Café Landolt« in Genf gekannt hat, wenn auch der Schatten der einstigen Boheme in der Gestalt meines lieben alten John Höxter aus Erwerbsgründen noch Abend für Abend, ein Gruß vergangener Kulturen, durch das Industriegebiet der Intelligenz an der Gedächtniskirche geistert.

Wer sonst noch aus der Bohemezeit der »Neuen Gemeinschaft«, der »Elf Scharfrichter«, des Peter-Hille-Kreises und der nächsten zehn Jahre hineinlebt ins Gewerkel und Gemächel eines Intellektuellentums, das keine Programme entwirft, sondern sich in der Anbetung vorgefundener Programme modern dünkt – der sitzt ironisch schauend und ironisch angeschaut beiseite, fremd an einem Orte, der statt der Zuflucht der Besonderheit das Büro für originelle Effekte zu sein scheint. Ich meide, seit ich mir meine Gesellschaft wieder selber aussuchen darf, ängstlich jedes Literatencafé; ehemals suchte ich es auf, um zwischen dichterischer Arbeit und werbendem Eifer für eine Idee den Geist mit der spielerischen Akrobatik von Witz, Aperçu, Abstraktion, Kritik und schlagfertiger Bosheit elastisch zu halten, ihn mit anderen Gedanken zu beschäftigen und zu kneten, als der ernste Teil des Tages von ihm verlangte, heute, kommt mir vor, ist das Foyer zur Szene geworden, das Café zur Brutstätte eines katechisierten Radikalismus, dem es an jeder schöpferischen Radikalität gebricht. Sehe ich in dieser Umgebung wertvolle Überbleibsel der alten Boheme, wie S. Friedländer-Mynona, Lotte Pritzel, Max Herrmann-Neiße oder die geniale, ihrer ungebändigten Eruptivität halber spießerhaft belächelte Else Lasker-Schüler, wahrhaftig, so finde ich Zurückgebliebenheit und Vergreisung nicht bei ihnen und Zukunft und Erneuerung nicht bei denen, die durch ihre Hornbrillen auf ihre Antiquiertheit herabschauen.

Die Absicht, die Erinnerung an Vergangenes zu wecken, hat mich wieder zu Vergleichen mit Gegenwärtigem verführt, und nun frage ich mich besorgt, ob denn die Resultate all dieser Vergleichungen stimmen können, ob man mich nicht selbst mit Grund für zu senil halten wird, um die Wirklichkeit von heute mit der von vorgestern vergleichen zu dürfen. Bin ich schon ein zahnloser Nörgler geworden, der, den knochigen Gichtfinger erhoben, der nachwachsenden Generation nichts Besseres zu sagen hat, als: Ja, je nun, als ich noch so jung war wie ihr – das waren ganz andere Zeiten!? Bitte: Ich kritisiere weder Neues noch Künftiges – und ich weiß mein eigenes Streben voll von Neuem und Künftigem –, ich kritisiere auch das Alte nicht, sondern freue mich, dass es gewesen ist. Aber das kritisiere ich, dass man das Gewesene nicht als Gewesenes in Ruhe lässt, dass man die Boheme, die vor einem Vierteljahrhundert lebendig war, nicht als tot anerkennt, so tot, dass man aus ihrem Moder Memoiren ziehen kann, und dass man den köstlichen Wein, für den ich selber das Kristall der Zukunft zu schleifen bemüht bin, muffig werden lässt, indem man ihn in alte Schläuche füllt. Die Boheme, derer ich mich erinnere, lebt nicht mehr, und sie wird dadurch nicht lebendig, dass von solchen, die sich heute Boheme dünken, ihre Gesten kopiert werden. Der abmessende Vergleich jedoch möge sich im Ferneren aus der Belebung der Vergangenheit direkt ergeben, wenn Figuren der Boheme aus dem Nebel tauchen, die keines Vorläufers Epigonen waren: Peter Hille, Paul Scheerbart, Friedrich von Schennis, Rudolf Johannes Schmied, Margarete Beutler, Franziska zu Reventlow und viele noch, von deren Freundschaft mein Leben reicher geworden ist.

Die »Neue Gemeinschaft« ließ den sprühenden Glanz ihres Heiligenscheins rasch matt werden. Weihe in Permanenz schafft Narren, Zeloten und Spekulanten. Die Wohnung in der Uhlandstraße diente uns Jungen immerhin in den weihefreien Stunden als Klubraum zur Selbstbeköstigung. Zuerst hatten Gustav Landauer und ich uns die Erlaubnis erwirkt, dort zu kochen. Mir wurde die Erlaubnis dazu allerdings von Landauer bald entzogen, und er, der damals keine Familie hatte, übernahm die Bereitung der Mahlzeiten allein, nachdem ich einmal zur Herstellung von Omeletten alle Milch- und Eiervorräte verrührt hatte, ohne dass die Eierkuchen aufhörten zu zerbröckeln; ich hatte nämlich eine falsche Tüte genommen und statt Mehl Gips erwischt. Bald fand sich als dritter Mittagsstammgast ein Blumen- und Ansichtskartenmaler, Albert Jung, ein, und als Landauer dann zur Begründung seiner zweiten Ehe mit Hedwig Lachmann nach England abreiste, etablierten etliche junge Leute eine reguläre Tischgemeinschaft, und eine Anzahl Damen der

»Neuen Gemeinschaft« übernahmen je einen Wochentag, um uns mit einem regelmäßigen Mittagessen zu versorgen. Außer mir kamen als tägliche Gäste mein Freund Eduard Wetzel, ein aufgrund etlicher lyrischer Gedichte aus einem Bankgeschäft ausgesprungener Schwärmer, dessen schwarze Augen alle Frauen bezauberten (er ist jung an einer Lungenentzündung gestorben), die Architekten Rometsch und Suppes, Woldemar Hafa, ein Christ herrnhutischer Richtung, der ebenfalls früh starb, der Maler Duphorn, die Schriftsteller und Dichter Adolf Knoblauch, Dr. Hans W. Fischer (Dr. Frosch) und Otto Albert Schneider. Wir sollten bestimmte Verpflegungsbeiträge leisten, taten es aber selten und ließen uns recht gern von unseren freiwilligen Köchinnen gratis bewirten, am liebsten von der schönen, jungen Ludmilla von Rehren, die stets erlesene Speisen auf den Tisch stellte und in die wir samt und sonders verliebt waren.

Diese Tischgemeinschaft hatte mit Boheme herzlich wenig zu schaffen, sie war für die eigentlichen Zigeuner unter uns Verbürgerlichung, für die zu bürgerlichem Wandel Hinstrebenden so etwas wie Sturm und Drang, für uns alle eine Faute-de-mieux-Angelegenheit, die kennzeichnender für die Entwicklung der

»Neuen Gemeinschaft« war als für uns. Die »Neue Gemeinschaft« selbst alterte mit unheimlicher Geschwindigkeit. Die Harts und einige der Gläubigsten erhielten sich ihren Optimismus, andere fanden sich bald enttäuscht. Denn aus dem Überschwang des Sternenfluges zu neuen Lebensformen wurde Gewöhnung und in Jugendstil, der dazumal revoltierend modern war, gekleidete Spießerei. Regelmäßig zweimal wöchentlich gab es Vortragsabende, bei denen manchmal ausgezeichnete Köpfe ausgezeichnete Gedanken entwickelten: Martin Buber z. B., noch sehr jung, aber schon priesterlich versonnen, sprach im modernen Geiste von altjüdischer Mystik, Dr. Magnus Hirschfeld erzählte von sexuellen Absonderlichkeiten, die beim Namen zu nennen damals noch grauenvoll verwegen schien, es gab sehr interessante und wertvolle Diskussionen – aber der Freiheitsdrang derer, die im »Orden vom wahren Leben« grundstürzende Erschütterung von Himmel und Erde fördern und feiern wollten, blieb ungestillt. Kritik schuf Verstimmung, und der Zorn der Eiferer wandte sich nicht gegen das Kritisierte, nicht dagegen, dass schöngeistige Damen sich gewöhnten, mit Häkelarbeiten dabeizusitzen, wenn Julius Hart unsere Seelen mit

All-Einheit impfte, nicht dagegen, dass spleenige Weltreformer zu Dutzenden in der »Neuen Gemeinschaft« ihre Traktätchen zu verhökern suchten, sondern gegen uns junge Stänkerer mit dem Eigensinn des unbestechlichen Idealismus, die wir Verwirklichung forderten und die Gemeinschaft der Vereinsversimplung anklagten.

Die Idee, auf eigener Scholle Verbindung von Arbeit und Verbrauch zu schaffen, lockte sogar Makler herbei, die mit sauber ausgerechneten Voranschlägen in der Tasche an Sonnenwendfeiern draußen in der Mark teilnahmen und zwischen Chorgesang und Weiherede ein smartes Grundstücksgeschäft anregten. Schließlich versackte die ganze Siedlungsidee in einem Kompromiss, der den Bohemecharakter des Plans, Menschen fern von aller Konvention ein freies Leben in selbst gewählten Formen führen zu lassen, zur komischsten Karikatur verzerrte. Statt Land zu erwerben, wurde in Schlachtensee ein Säuglingsheim gemietet, dessen Räume nach Bedarf und Zahlfähigkeit unter die Familien verteilt wurden, welche sich bereit zeigten, die Überwindung der Gegensätze durch Benutzung einer gemeinsamen Küche vorzuleben. Auch ein paar junge Adepten der neuen Weltanschauung durften mit hinausziehen;

ich gehörte schon nicht mehr dazu, war aber in der ersten Zeit noch häufig als Gast draußen und sah ingrimmig und höhnend die erträumte Herrlichkeit in einem Lustspiel-Pensionat grotesken Kalibers dahinschwinden. Ein paar schöne Feste und künstlerische Veranstaltungen konnten die ursprüngliche Idee nicht retten.

Ein großes Verdienst bleibt den Brüdern Hart und ihren Schlachtenseer Gefährten: Sie richteten in einem neben dem großen Würfelbau des Sanatoriums gelegenen kleinen Wirtschaftsgebäude für Peter Hille einen netten wohnlichen Raum her, wo der Dichter bis zu seinem Tode, befreit von der Sorge um Miete und Ernährung, das Dasein gewissermaßen eines geselligen Eremiten führen konnte. Er hat dort draußen noch wundervolle Dichtungen geschaffen und erlebte unter den Föhren des dunklen Waldes beim Schlachtensee die Aufführung zweier seiner merkwürdig traumhaften, märchenzarten und bildstarken dramatischen Skizzen. Die literarische Abteilung der Berliner freien Studentenschaft hatte das Freilichtspiel veranstaltet, und ich war zusammen mit ihrem Vorsitzenden Ludwig Rubiner ausersehen worden, Regie zu führen. Die Hauptrollen wurden von dem damaligen Studenten, dem jung gestorbenen Dichter Siegmund Kalischer, und seiner späteren Frau Beß Brenk gespielt. Die Sphärenmusik wurde von einem im Gebüsch versteckten Harmonium geliefert; das Publikum setzte sich aus der literarischen und künstlerischen Elite Berlins und massenhaft Studenten zusammen. Ich hielt eine Ansprache an das unter Bäumen gruppierte Parkett und wurde dann in der Zeitung darüber belehrt, dass man dabei nicht die Hand in die Hosentasche zu versenken habe. Heinrich und Julius Hart machten die Honneurs als Gastgeber, und Peter Hille war glücklich. Ein Photograph aber wollte ihn für ein illustriertes Blatt aufnehmen und durfte es erst, als Rubiner und ich aus dem Walde herbeigerufen waren. Denn Peter Hille erklärte, dass wir als Mittäter mit auf das Bild müssten.

Das Schlachtenseer Heim der »Neuen Gesellschaft« löste sich nach wenigen Jahren auf. Wird einmal die Geschichte der deutschen Künstlerboheme um die Jahrhundertwende geschrieben, so wird es nur Peter Hilles wegen hineingehören. Über ihn und seine Freunde wird noch in anderen Zusammenhängen zu berichten sein. Mir ist die Gestalt dieses kindlichen Weisen, der mich seiner Freundschaft gewürdigt hat, zu lieb, um die große Zahl der von ihm handelnden Anekdoten bereichern zu mögen. Wenn irgendein Mensch, der mir begegnet ist, als Genie bezeichnet werden darf, so Peter Hille. Alle Geschichten, die man von ihm erzählt, stammen aus den Eigenschaften, die sein Genie begründen, aus den gleichen Eigenschaften übrigens, die ihn als typischen Vertreter jener Boheme erkennen lassen, die unter den Wirrnissen der Gegenwart verschwunden zu sein scheint. Diese Eigenschaften, deren Personifizierung Peter Hille war, sind: Leben aus der Eingebung des Augenblicks, zeitlose Hingabe an Welt und Menschheit, Verbundenheit mit allen Leidenden im Wissen um Freiheit und Glück. Lovis Corinth hat Peter Hille gemalt: ein Porträt des Menschen, ein Bild des Dichters, ein Symbol der Boheme.

Berliner Nachlese

Es mag um Mitternacht gewesen sein, da überbrachte mir ein Kellner im »Café des Westens« eine Visitenkarte; der Herr stehe draußen und wünsche mich zu sprechen. Ich las den Namen Gustav Meyrink. Das mag Ende 1904 gewesen sein. Meyrinks Geschichten im *Simplicissimus*, geheimnisvoll, grotesk, gespenstisch, boshaft, witzig und funkelnd, regten zu jener Zeit die Phantasie der geistig bewegten Jugend mächtig an. Man stürzte sich über jede neue Nummer des Münchener Blattes, und stand ein neuer Meyrink drin, so war für etliche Abende Diskussionsstoff vorhanden. »Meyrink!«, rief ich, die Visitenkarte in der Hand drehend, und eilte vor die Tür, gefolgt von den überraschten, neidischen und neugierigen Blicken meiner Freunde. Ihre Neugier wurde nicht befriedigt, denn der Dichter sträubte sich, mir ins Café zu folgen. Unsere erste Begegnung und unser erstes Gespräch wurde an der Ecke Kurfürstendamm und Joachimsthaler Straße im fröstelnden Nachtwind Ereignis.

Er komme eben von Prag, erklärte mir Meyrink, und sei im Begriff, in Wien die Redaktion eines Witzblattes zu übernehmen, das er auf literarische und künstlerische Höhe heben solle, des *Lieben Augustin*. In Berlin wolle er geeignete Mitarbeiter werben, und Hugo Salus habe ihm gesagt, er möge sich nur zum »Café des Westens« bemühen und mich fragen: Ich sei mit allen bekannt. Auf der Straße wurde nun eine Liste der aufzufordernden Dichter und Maler aufgestellt, ich verpflichtete mich, verschiedene Kandidaten des *Lieben Augustin* aufzusuchen und am nächsten Abend Bericht zu erstatten. So besuchte ich am folgenden Tage Freunde und Bekannte und eröffnete ihnen die erfreulichsten Aussichten auf neue Absatzgebiete ihrer Werke. Nur einen der von mir zu Keilenden lernte ich erst bei dieser Gelegenheit kennen. Das war Heinrich Zille.

Zille war noch gar nicht berühmt, aber wir Modernen liebten und schätzten ihn schon sehr, und Meyrink hatte auf seine Zusage ganz besonderen Wert gelegt. Ich fand ihn in einer Charlottenburger Proletarierwohnung, seine derbe, freundliche Frau mit den Kindern beschäftigt, und sein »Milljöh« strömte eine behagliche Molligkeit aus, in der keine Spur Atelierluft war. Ich musste eine Tasse Kaffee mittrinken, und Zille, der bis dahin in einem industriellen Betrieb als Lithograph gearbeitet hatte, erzählte, dass er infolge seiner Beteiligung an einem Streik arbeitslos geworden sei und nun sehen müsse, von der Kunst zu leben, was ihm durchaus unangenehm zu sein schien. Wir gingen dann zusammen in eine Kneipe, und am Abend konnte ich Meyrink Zilles Bereitwilligkeit zur Mitarbeit am *Lieben Augustin* mitteilen. Wenn ich mich recht erinnere, brachte die erste Nummer des von Gustav Meyrink geleiteten Blattes auf der ersten Seite das berühmt gewordene Bild von Heinrich Zille, das das vor ihren Freundinnen renommierende schwindsüchtige kleine Mädchen zeigte: »Ätsch! Ich kann Blut in den Schnee spucken.«

Der *Liebe Augustin* erschien mehrere Jahre, unter Meyrinks ausgezeichneter Redaktion. Einige hervorragende Karikaturisten fanden von dort aus den Weg ans Licht, unter ihnen Pascin. Mir war die Zeitschrift von hohem Nutzen, da sie eine Menge Gedichte von mir veröffentlichte und mir die Honorarsendungen oft genug das Weiterkommen auf meinen Wanderfahrten ermöglichten.

Von irgendwoher mal wieder für ein paar Monate nach Berlin zurückgekehrt, fand ich das »Café des Westens« baulich verändert, modernisiert und seiner früheren Gemütlichkeit einigermaßen beraubt vor. Der alte Künstlerstammtisch beim Eingang war in eine andere Nische gestellt, und seine ständigen Besucher erschienen nur noch sporadisch oder hatten sich verkrümelt. Dafür waren die marmornen Tischplatten, auf denen Ottmar Begas Wirt und Gäste in Pastell festgehalten hatte, unter Glas gesetzt worden, und ein Ölbild von Edmund Edel, auf dem Rossius-Rhyn, Hanns Heinz Ewers, ich und ein junges Mädchen meiner Freundschaft an vergangenen Glanz erinnern sollten, prangte an der Wand. Über der Telephonzelle aber verschönte die Gipsbüste Wilhelms II. das verjüngte Lokal und gab zu vielen, dazumal nicht ganz ungefährlichen Witzen Anlass. Auch die Gesellschaft hatte sich gewandelt. Man saß nicht mehr im Kreise arrivierter Kulturträger, sondern zwischen zigeunernden Skeptikern und schönheitsdurstigen Lebensstilisten, selbst nicht mehr einer der Allerjüngsten und, in der zweiten Hälfte der Zwanziger, von manchen schon als überholt belächelt. Große Mode war der Ästhetizismus, die Müdigkeit, der Absinth, das Morphium, die Blasiertheit und in Liebesdingen jedwede Anomalie. Das Sinnlose wurde als Sinn des Lebens proklamiert, das Wesenlose als Wesen der Welt. Soziale Empfindungen waren Gegenstand spitzigen Spottes, Mitgefühl mit Leid und Gebresten war zulässig als Würze genießerischer Selbstbespiegelung. Ich galt als hoffnungsloser Rationalist, meine Anteilnahme an den Kämpfen und Sorgen der Arbeiterklasse als Verrücktheit oder Pose. Bleichsucht wurde für Vergeistigung gehalten, und man trug Orchideen als Sinnbild kranker Dekadenz. Wozu hier Namen nennen? Die Mode, die krasse Unnatur als Natur auszugeben, ist längst vorbei, und die damals die Ätherischsten waren, die mit einem Buch von Oscar Wilde unter dem Kopfkissen einschliefen und mit einem von Stefan George unter dem Arm und einer Opiumzigarette im Mund ins Caféhaus kamen – sind längst beim Film untergekommen oder bewahren in ihrem weiblichen Teil in ehelichen Züchten geborene Kinder vor den Versuchungen der bösen Welt.

Mein Bedürfnis, unter Menschen zu sein, verstärkt durch den Umstand, dass die dem Ästhetizismus ergebenen Frauen großenteils über viele Reize verfügten, mit denen sie, schon aus Gründen der Weltanschauung, nicht geizten, trieb mich Abend für Abend zu den Absinthtischen der schwelgenden Unproduktivität. Aber ich brauchte einen Ausgleich, brauchte gerade auch mit künstlerischen Menschen Umgang, deren Ehrgeiz nicht müder Verzicht, sondern lebendige Leistung war. Diesen Umgang fand ich in einem andern Caféhaus, da, wo sich nachmittags die Schauspieler einfanden, die Künstler, die nicht die Wirklichkeit verträumen, sondern aus Dichterträumen Wirklichkeit machen: im »Café Monopol« in der Friedrichstraße. Es war die Zeit der prachtvollsten Tätigkeit Max Reinhardts im Deutschen Theater. Alle seine Mitarbeiter fanden sich, bevor die Aufführung begann, im »Café Monopol« ein und füllten, an vielen Tischen verstreut, mit uns Freunden aus anderen Kunstbezirken und mit Bühnenkünstlern aus anderen Instituten – Max Martersteig, Giampietro, Poldi Deutsch usw. – den ganzen hinteren Raum des Caféhauses. Einzelne Herren der Schumannstraße waren täglich da, so Reinhardts Dramaturgen Arthur Kahane und Felix Hollaender und von den Schauspielern Gottowt, Feldhammer, Sidonie Lorm, gewöhnlich auch Moissi, Wegener, Schildkraut, und die übrigen größeren oder größten Reinhardt-Künstler waren doch wenigstens hin und wieder zu sehen: Gertrud Eysoldt kam und Lucie Hoeflich, Tilla Durieux, Adele Sandrock, Diegelmann, Wassmann, Biensfeldt, Victor

Arnold, Kühne, Steinrück und viele andere. Reinhardt selbst habe ich dort, soweit ich mich erinnern kann, nicht getroffen, wohl aber die Direktoren anderer Theater, Victor Barnowsky und die unzertrennlichen Meinhard und Bernauer. Die Dichter kamen, deren Dramen gerade auf dem Spielplan standen, Ossip Dymow, Schalom Asch, und in der kurzen Zeit, als Hermann Bahr bei Reinhardt als Regisseur wirkte, auch Arno Holz, dessen *Sonnenfinsternis* aufgeführt werden sollte, geprobt, monatelang geprobt und endlich vom Spielplan abgesetzt wurde. Angeblich war keine richtige Besetzung der weiblichen Hauptrolle zu erzielen, und die Aufregung über diese Frage und noch allerlei Kulissenkonflikte im Zusammenhange mit der *Sonnenfinsternis* hielt das ganze »Café Monopol« in Spannung und teilte sich uns allen mit. Eines Tages aber war ein anderer Konflikt an der Tagesordnung. Hermann Bahr verlangte vom Wirt, dass er einen Ecktisch des Cafés, an dem einmal zu aller Erstaunen kunstfremde Reisende vom Bahnhof Friedrichstraße Platz genommen hatten, ständig für uns freihalten solle. Das wurde verweigert. Die Auseinandersetzung nahm spitze Formen an, und so wurde der Boykott beschlossen. Hermann Bahr mit seinem gewaltigen Vollbart an der Spitze, mit ihm Franz Zavrel, ich und ein erheblicher Teil der Beleidigten – so geschah der Exodus in feierlichem Zuge zwei Häuser weiter, zum »Café Savoy«, wo uns willig die beste Ecke als Stammplatz eingeräumt wurde. Ich habe das wichtige Ereignis in einer Nummer der *B.B.Z. um Mitternacht*, der alljährlichen Faschingszeitschrift zum Bösen-Buben-Ball, für die Nachwelt festgehalten.

Diese Besuche in den verschiedenen Berliner Kulturzentren verteilten sich über Jahre und waren immer wieder von Reisen und kürzeren oder längeren Gastspielen an anderen Orten unterbrochen. So wechselten auch die Gestalten, die ich in den Caféhäusern Berlins antraf, und wie aus dem »Café Monopol« fand eines Tages aus dem »Café des Westens« ein Auszug statt. Teils vertrieben durch die Renovierung des Lokals, teils durch das hysterische Getue der Ästheten, etablierten wir unsere Korona im »Café Sezession«. Mein Freundeskreis dort war der literarische Zirkel, der sich um René Schickele und Ferdinand Hardekopf gruppierte. Ich denke gern auch an die schönen Nachmittage in der Wohnung Schickeles und seiner famosen Frau, die in Gesellschaft Hardekopfs, des Schauspielers Wlach, des Opernsängers Fleischer und der noch sehr jungen, von Geist und Witz sprühenden Lotte Pritzel oft in ernstem Gespräch, oft in ausgelassener Fröhlichkeit verliefen. Von der Zeit her sind mir einige Freunde bis heute geblieben, so Lotte Pritzel selbst, die beiden Schickele und der Maler Ali Hubert.

Die Untreue gegen das »Café des Westens« war nicht von Dauer, und als ich einmal wieder in Berlin erschien, fand ich die alten Gefährten alle wieder am alten Ort, den manche, wie der ahasverische John Höxter und der von Schnaps und Enthusiasmus immer geladene Dichter Rudolf Johannes Schmied, niemals verleugnet hatten. Der Deutsch-Argentinier Schmied war einer der originellsten Kerle, die ich je gekannt habe. Jeder, der mit ihm in Berührung gekommen ist, weiß Dutzende von Anekdoten von ihm zu erzählen, denn die ungeheure Beweglichkeit seines durchaus bedeutenden Geistes schuf aus jeder Begegnung mit ihm von selbst eine Anekdote. Er hat nur zwei kleine Bücher geschrieben, seine Kindheitserlebnisse, und hinter diesen feinen, klugen, zarten und humorvollen Geschichten von Carlos und Nikolas vermutet niemand als Verfasser einen ewig besoffenen, immer glücklichen und doch stets seinem Glück misstrauenden, die Realität des Lebens aufs Tiefste verachtenden Künstlermenschen. Sein Glück freilich hatte nichts mit materiellen Dingen zu tun. »Bist du mein Freund?«, fragte er treuherzig, und hatte man es ihm versichert, so erklärte er: »Dann gib mir eine Mark.« – »Mühsam«, sagte er einmal, »ich weiß nicht, ob du begütert bist. Ich besitze zwei Mark. Hast du Geld, so gib mir die Mark zum Taler, hast du keins, so bekommst du eine von mir.«

Schmied war von seiner Genialität absolut überzeugt, wenn er sich selbst auch gestattete, sie zu ironisieren. »Ich glaube nicht an Genies«, sagte gelegentlich ein Tischgenosse. Rudolf Johannes sprang auf und bohrte ihm den Zeigefinger in die Weste: »Was haben Sie gegen mich?!«, fuhr er ihn an. Die großen Werke der Weltliteratur beurteilte er nach ganz eigenen Gesichtspunkten, nie nach dem künstlerischen Wert, stets aus der Einfühlung in die Persönlichkeit des Dichters. Er las Dantes *Neues Leben*, das ihn tagelang ausschließlich beschäftigte. Plötzlich meinte er: »Angenommen, dass Beatrice eine blöde Gans war, dann ist Dante blamiert, tief blamiert!«

Am amüsantesten war es, Rudolf Johannes Schmied in der Gesellschaft des großen Lebenskünstlers Friedrich von Schennis zu genießen. Schennis betrat das »Café des Westens« verhältnismäßig selten und immer erst in später Nachtstunde. Dieser Mann, eine Mischung von Aristokrat, Zigeuner, Anarchist, Künstler, Menschheitsverächter, großem Liebenden und Leidenden, wirkte in der Erscheinung, im Benehmen und in der Lebensführung anachronistisch und unwirklich. Aus dem zerrissenen und doch ebenmäßigen langen Gesicht mit den grauen Haaren und dem dünnen grauen Schnurrbart leuchteten große tiefe blaue Augen; die Hände waren übermäßig lang und schmal, und man sah die Adern auf den Handrücken hervortreten. Allerdings sah man sie nur selten. In der Regel trug Schennis Zwirnhandschuhe mit Ausschnitten an den Fingerspitzen, sodass die langen, gepflegten Fingernägel herausstaken. Die Handschuhe behielt er gewöhnlich auch beim Trinken an, ebenso behielt er den gelbbraunen runden Hut auf dem Kopf. In der Berliner Nationalgalerie hängt ein Gemälde dieses außerordentlichen Mannes, das der Katalog als *Verfallener Park* vermerkt. Schennis konnte kein treffenderes Symbol der eigenen Persönlichkeit wählen. Er schien mir das wandelnde Sinnbild einer längst gestorbenen Kultur zu sein, er, der bei aller Freiheit von den Vorurteilen seiner Kaste doch ein wenig stolz darauf war, dass in ihm der letzte Spross eines Adelsgeschlechtes lebe, das älter sei als die Habsburger. Es wäre wenig ausgesagt von Friedrich von Schennis, wollte ich erzählen, wie ich bald mit ihm im Kreise grölender Kutscher, bald unter den anspruchsvollsten Geistern Berlins gezecht habe und wie er mit seinen kurzen hohnvollen Bemerkungen mit unfehlbarer Zündkraft die Situation glossierte, einen Menschen etikettierte, eine Anzapfung erledigte. Zwischen ihm und Rudolf Johannes Schmied herrschte, da ihre Art des schlagenden bildhaften Ausdrucks ziemlich ähnlich war, eine leichte, aber von großer gegenseitiger Sympathie gemilderte Rivalität. Schmied litt darunter, dass man ihm nachsagte, er kopiere Schennis. Einmal platzte er damit los: »Du kopierst mich, Schennis – nicht umgekehrt!« Der alte Maler machte seine charakteristische knipsende Handbewegung. »Kalb!«, sagte er nur. »Ochse!«, replizierte Schmied wütend. Da war Schennis beleidigt. »Ochse?! Ochse?! Das mir?!« Er schlug sich mit den flachen Händen an den Kopf und wollte gehen. Da lenkte der andere bescheiden ein: »Bitte sehr, der Ochse ist die Sehnsucht des Kalbes!« Die Versöhnung war hergestellt und wurde gewaltig begossen.

Ich habe mit Schennis nicht nur schrankenlos gekneipt, ich habe unvergessliche Stunden auch in seiner Wohnung am Lützowplatz verlebt. Da zeigte er mir seine Radierungen und Bilder und die reichen Schätze seiner Sammlungen: Münzen, Gobelins, Miniaturen. In jedem Stück lebte die Zärtlichkeit des Sammlers, und von jedem Stück erzählte er, seine Worte mit den ihm eigenen flatternden und doch starken Gesten begleitend, mit der Liebe, die sonst lebenden Wesen gehört. Später zog Schennis um, und ich kam in sein neues Atelier im Tiergartenviertel, als er noch kaum fertig eingerichtet war. Da traf ich ihn bei einer sonderbaren Beschäftigung. Er übte von einem Stuhl aus, seinen runden Hut auf eine etwa zwei Meter entfernte Ottomane zu werfen, und erklärte mir völlig ernsthaft, er sei es so gewohnt gewesen in der alten Wohnung und müsse sich jetzt auf die neue Entfernung umstellen. Ich kann nicht beurteilen, wie hoch die Gemälde und Radierungen des Künstlers zu bewerten sind. Aber ich weiß, dass Friedrich von Schennis als Mensch ein Künstler von allerhöchsten Graden war und als künstlerische Gestalt die Elemente des Gösta Berling, des Crampton und wohl auch eines wahrheitsliebenden Münchhausen in sich vereinigte, ein

Mensch von Geist und Feuer, voll Liebe und Leid und voll verschüttetem Tatendrang.

Wiener Episode

Wien ist eine herrliche Stadt; Wien ist eine Stadt, in der ich es nicht lange aushielte. Vielleicht hat sich in den zweiundzwanzig Jahren, seit ich Wien sah, genoss, erlebte, an Wien mitwirkte, mancherlei geändert: Im Jahre 1906 hatte ich nicht den Eindruck, als ob sich an der spezifischen Atmosphäre des Wienertums, soweit es sich den sozialen Nöten und Kämpfen der *Misera plebs* entrückt dünkt, schon jemals etwas geändert hätte, jemals sich etwas ändern könnte. Das ganze Wien kam mir vor wie eine Theaterangelegenheit, die sehr geschmackvolle Darstellung eines putzigen Lebensbildes, voll genießerischer Kultur, voll künstlerischen Stils, voll Leichtsinn, Erotik, altmodischer Courtoisie, spiritualistischer Klatscherei, streitsüchtiger Intellektualität, Intrige, Ironie, Witz, Betulichkeit, Wichtignehmerei aller Bagatellen, Freude am Besonderen, Freude an der Schönheit, Freude an der Neuheit, Freude an der Clique, Freude an Wien und jeglichem Wienertum. Ich hatte das Gefühl, hier lebt eine Familie, die riesig nett ist, wenn man auf Besuch zu ihr kommt, die aber unausgesetzt nur Familiengespräche führt, Gespräche, die die genaue Kenntnis aller Verwandtschaftsverzweigungen zwischen den Personen und den Klüngeln Wiens voraussetzen und überdies in einer dem Fremdling ganz unverständlichen Ausdrucksweise geführt werden.

Nur zweimal je zwei Monate wohnte ich in Wien, im April und Mai und im November und Dezember 1906, beide Male engagiert, um dem nächtlichen Amüsementbedürfnis eines zahlungsfähigen Publikums durch den Vortrag humoristischer und satirischer Verse Nahrung zu geben. Das erste Mal war ich Mitglied des Kabaretts »Nachtlicht«, das sein Ensemble zum großen Teil aus den Kräften des inzwischen entschlafenen Vorbilds aller deutschen Kabarette, der »Elf Scharfrichter«, zusammensetzte. M. (die Abkürzung hieß früher Monsieur, später Marc) Henry leitete mit großem Geschick das Unternehmen, indem er als Conferencier in einem außerordentlich gepflegten gebrochenen Deutsch jeden von uns den Gästen vorstellte, sie milde auf unsere Eigenheiten vorbereitete und beispielsweise von mir, da ich mit brennender Zigarre auf dem Podium zu stehen pflegte, versicherte: »Er ist das Prototypus von eine Berliner Bohemien; er kann rauchen, wie wenn nichts wäre.« Ausgezeichnet war M. Henry in seinen eigenen französischen Vorträgen und Chansons. Neben ihm wirkte die hervorragende Brettlkünstlerin Marya Delvard, wirkte durch ihre übergroße, überschlanke Linie, durch ihr eindrucksvolles Organ, durch ihre stilisierten Gesten und ihren eindringlichen Vortrag. Sie war nächst Frank und Donald Wedekind der beste Interpret der Wedekind'schen Lieder und Bänkelsänge. Menschlich näher als Henry und die Delvard, die als Direktorenpaar nicht ganz frei waren von Prinzipalansprüchen, stand mir der Kapellmeister des Kabaretts, Richard Weinhöppel, der hier wieder seinen Scharfrichternamen Hannes Ruch führte. Ich hatte und habe noch jetzt eine tiefe Verehrung für diesen bedeutenden Künstler, dessen lyrische Liederkompositionen, da ich nicht sachkundig bin, meiner Kritik entzogen sind, nicht aber meinem laienhaften Empfinden, dem sie wunderschön und von so reiner Klarheit scheinen wie der Geist ihres Schöpfers, des intimsten Freundes Frank Wedekinds. In meinem Arbeitszimmer hängt eine ausgezeichnete Karikatur Weinhöppels, wie er mit ausgebreiteten Armen und erhobenem Taktstock, offenen Mundes den Text mitkeuchend, eines seiner Lieder dirigiert.

Nervosität und Begeisterung, die bei unserm Kapellmeister ständig in etwas komischer Konkurrenz im Widerstreit lagen, sind in dieser Bleistiftskizze vorzüglich herausgeholt; ich nahm sie dem Maler Carl Hollitzer unter den Fingern weg, der damals ebenfalls im »Nachtlicht« auftrat, wo er mit kräftiger Bassstimme mit Trommelbegleitung alte Landsknechtslieder sang.

Dichterkollegen, die, wie ich, aus eigenen Werken vortrugen, gab es in dem Lokal hinter dem Stephansdom noch drei: Roda Roda, den Wiener Lyriker Hans Adler und Felix Dörmann. Den kannte ich noch von Berlin her aus der Zeit, als er die dekadente Richtung kreierte und seine Liebeserklärungen den hektischen Narzissen widmete und allem, »was welk ist und krank«. Jetzt bedichtete er bereits die »schäumenden Ekstasen«, die seine Liebste zu entflammen wusste, ungeachtet seines Wissens, »dass meiner Liebsten Liebe verkäuflich ist«; er befand sich also gerade mitten auf dem Wege zu seiner Bestimmung als Operettenlibrettist. Von den vielerlei Verwirrungen, Verwicklungen, Rankünen, Kabalen und Gefühlsexplosionen im Künstlerzimmer und den Garderoberäumen hinter dem Kabarett soll hier keine Chronik niedergelegt werden. Sie unterschieden sich von ähnlichen Erscheinungen hinter allen Kulissen nur durch die größere Temperamenthaftigkeit der beteiligten Damen, durch ihre Häufung zu tagesüblichen Programmnummern und durch das besondere Wiener Kolorit, das aus dem Liebesgram zweier Menschen die Sensation mehrerer Caféhäuser und aus dem Krach zweier anderer die Todfeindschaft von Dutzenden macht. Übrigens wird wohl einmal mein Nachlassordner einen Sketch ans Licht fördern, der in gemeinsamer vergnüglicher Arbeit mit Egon Friedell entstanden ist und die dunklen Hintergründe des »Nachtlichts« in bengalische Beleuchtung rückt.

Friedell gehörte zum ständigen Geselligkeitskreise des damals schon in Wien sehr gefürchteten Herausgebers der *Fackel*, Karl Kraus, der mit seinem ganzen Anhang fast regelmäßiger Besucher im »Nachtlicht« war. Daraus ergab sich für mich von selbst die Wahl des Klüngels, in dem ich mich während meiner beiden Wiener Gastspiele ausschließlich bewegte. Diese Ausschließlichkeit war durch die Gepflogenheiten der Wiener Intelligenz geboten; es wäre schwerlich möglich gewesen, sich verschiedenen der Literatenkreise einzugliedern, die in ihren Stammcafés wie in feindlichen Burgen saßen und deren jeder in esoterischer Eifersucht zähnefletschend über seine Weltbedeutung wachte. Wahrscheinlich hätte ich auch in Wien keinen mir genehmeren und adäquateren Kreis finden können als den Kraus'schen, in dem es doch auch noch andere Gegenstände zu erörtern gab als immer nur Literatur, Theater und Stadtklatsch und in dem überdies auch täglich die interessanteste und originellste Gestalt zu sehen war, die das geistige Wien besaß: Peter Altenberg. Immerhin dankte ich es vielleicht nur einem Zufall, in diesen Zirkel verschlagen zu werden. Als ich nämlich in Wien eintraf, begegnete mir auf dem Wege zum Hotel der mir von München schon bekannte Alfred Kubin, der eben im Begriff war, seine Vaterstadt zu verlassen. Wir setzten uns zusammen in ein Lokal, wo mir der Gespenstermaler erklärte, es werde mir schwer werden, in Wien zurechtzukommen, da ich noch »kein Wort Österreichisch« verstände. Ich habe erst später begriffen, wie recht er hatte. Ohne Kubins Abreise hätte ich mich jedenfalls unter seine Fittiche begeben, und meine unpolitischen Erinnerungen aus Wien – der einzigen Station meiner Fahrten übrigens, die mir nur unpolitische Erinnerungen hinterlassen hat – wären vermutlich durch ein ganz anderes Personenverzeichnis gekennzeichnet.

In der Gesellschaft, die mich nun außerhalb meiner Berufspflicht in ihre Mitte aufnahm, war Karl Kraus unbestritten die zentrale Figur. Eine Persönlichkeit von bedeutendem Format, ein geistreicher, witziger, lebenskluger und von hoher sozialer Ethik geleiteter Mensch, seine Wiener Umwelt mit sarkastischer Kritik durchschauend und mit meisterlicher publizistischer Begabung verhöhnend. Meine Wertschätzung dieser Persönlichkeit ist sehr hoch, sie ist nicht vermindert worden durch recht ruppige Polemiken, die in der Fackel gegen mich gerichtet waren, und wird nicht zu vermindern sein, wenn vielleicht diese Sätze Kraus zu neuen Ausbrüchen pamphletistischer Leidenschaft erregen sollten. Damit muss ich deswegen rechnen, weil meine Freude an seinem Können und an seinem Temperament zwar groß und voll bewundernder Anerkennung ist, aber doch, wie ich ehrlicherweise zugebe, nicht an das Maß anhimmelnder Begeisterung heranreicht, das Kraus glaubt von jedem seiner Freunde in Anspruch nehmen zu dürfen. Für das unvergleichliche Genie, das man in Wien aus ihm gemacht hat, halte ich Kraus nicht, aber ich gebe zu, dass es seiner eigenen Überzeugung von seiner Genialität und seiner mit Galle und heißer Lauge getränkten Feder zu danken ist, dass man es aus ihm machen konnte. Karl Kraus, Wiener in all seinen menschlichen und künstlerischen Zügen, in seinem Fühlen, Denken, Sehen, Hören und Reagieren auf Freundschaft und Feindschaft, Kritik und Schmeichelei, nahm den Kampf auf gegen Wien, gegen das weichliche, geschwätzige, parfümierte und geistig schildbürgerliche Wien, ohne recht zu erkennen, wie sehr er selbst mit allen Wurzeln seines Wesens in dem Wiener Boden feststeckte, den er umgraben wollte. So misslang ihm die Alternative seines Kampfes, und aus der gewollten Fragestellung: Für Ring und Graben oder für Welt und Menschheit? – wurde das echte Wiener Dilemma: Für Wien und sein Spießertum – oder für Karl Kraus und seine *Fackel*. Daraus aber ergab sich für Kraus und seinen Verehrerkreis eine Neueinteilung der Menschheit in solche, die dem Herausgeber der *Fackel* das Prädikat des Genies zuerkannten, und solche, die es nicht taten. Bei der ungewöhnlich ausgebildeten Fähigkeit, einen Gegner in der Polemik fürchterlich und erbarmungswürdig zuzurichten, vermochte Kraus einen großen Teil früherer Skeptiker von seiner in aller Geschichte beispiellosen Genialität zu überzeugen, während doch gesagt werden muss, dass, wiewohl Kraus als geistige Potenz auf einen hohen Platz gehört, diese hyperbolische Einschätzung nur unter Wiener Maßstäben zulässig sein kann. Aber Wiener Maßstäbe sind es auch, die den tapferen Ankläger und Aufstöberer stinkender gesellschaftlicher Korruptionsherde zu einem kleinen und bedeutungslosen Kläffer kritisieren wollen. Wien ist eine Welt für sich, deren Horizont eng ist; Kraus lebt in dieser Welt und sieht nicht weit über ihre Stadtmauern. Aber in der Kriegszeit ist es ihm doch gelungen, sich in diesen Mauern Bilder spiegeln zu lassen, in denen sich das Schicksal einer ganzen Generation malte.

Ich erfuhr bei meinem Umgang mit Kraus und seinen Mitarbeitern und Begleitern mehr Toleranz als andere. Da meine Urteile nicht aus Wiener Einflüssen und Eindrücken kamen, wurden sie auch dann respektiert, wenn sie sonst mit der Strafe des »Abschaffens« geahndet worden wären. Sollte jemand wegen missliebigen Verhaltens, peinlicher Auffassungen oder Trottelhaftigkeit im Umgang »abgeschafft« werden, so geschah es in der Weise, dass der im Caféhaus oder im Löwenbräu, wo wir abends in größerer Gesellschaft zu essen pflegten, so lange geschnitten oder auch direkt angeödet wurde, bis er merkte, dass er unerwünscht sei, und verschwand. Mir aber wurde es nachgesehen, dass ich weder auf Schnitzler noch auf Bahr mitschimpfte, und sogar, dass ich mit Harden und Kerr, die untereinander ungefähr ebenso angenehme Beziehungen unterhielten wie Kraus zu jedem von ihnen, in persönlich und sachlich durchaus freundlichem Verkehr stand. Was es hieß, gleichzeitig mit Harden, Kerr und Kraus gut zu stehen, ohne das vor einem der drei geheimzuhalten, wird jeder ermessen können, der einmal den Dreckschleuderkampf zwischen feindlichen Literaten als Zuschauer verfolgt hat. Mit Kraus kam ich erst zwei Jahre nach meinem Wiener Aufenthalt auseinander, als ich mich in der Eulenburg-Affäre auf die Seite Hardens stellte und ihn in einer sackgroben Polemik gegen Angriffe in der *Fackel* verteidigte.

Die einzige Persönlichkeit, die in jenem Kreise vollständig den eigenen Charakter wahrte, ohne sich von Lob und Tadel, Strenge oder Milde der zentralen Figur beeinflussen zu lassen, war Peter Altenberg. Natürlich könnte ich jetzt, wie jeder gelegentliche Wienreisende und Weinreisende, haufenweise Peter-Anekdoten hier aneinanderreihen. Doch nehme ich an, dass Egon Friedell, der nächste Freund des

Dichters, der gescheite, verständnisvolle und von Liebe und Respekt gezügelte Sammler von Altenberg-Geschichten, der komischen Seite des merkwürdigen Kleinkram-Romantikers schon so viel Verbreitung geschafft hat, dass sich eine Vermehrung um zufällig in meiner Anwesenheit erfolgte Emanationen seiner Bizarrerien erübrigt. Ich war mehrfach Zeuge seiner berühmten Tobsuchtsanfälle, wie sie einer der Freunde Altenbergs, ein Angehöriger auch meines Wiener Bekanntenkreises, der Maler Gustav Jagersbacher, in einigen ausgezeichneten Graphiken festgehalten hat, ich habe viele überaus lustige Situationen miterlebt, in denen sich der kaufmännisch geklärte Vagabundengeist Peter Altenbergs manifestierte – aber viel lieber hole ich die Unterhaltungen mit ihm aus dem Gedächtnis, die seine fabelhafte Fähigkeit enthüllten, aus den Details des täglichen Lebens den ewigen Kern des Wesenhaften auszuschälen. Als nicht lange nach meinem Wiener Aufenthalt eine Auswahl aus seinen Büchern erschien, schrieb ich einen Artikel über Peter Altenberg, in dem ich den Dichter und den Vorläufer einer literarischen Stilkunst gegen den Lieferanten von Unterhaltungsmaterial für Herrenabende abzugrenzen suchte.

Peter schrieb mir eine von Glück strömende Postkarte, und ich erfuhr dann, dass er meine Verteidigung ständig bei sich trage und sich damit gegen Aufdringlichkeiten leutseliger Anekdoten-Provokateure wehre. Gewiss denke ich mit Schmunzeln an den sonderbaren Kerl mit der mächtigen Glatze, dem rötlichen Robbenbart und dem großkarierten Mantel, der in der Raserei des Zornes nicht minder grotesk wirkte als in der Überschwänglichkeit seiner Begeisterung. Aber die Wiener scheinen nie gewusst zu haben, wie dieser Wiener Dichter mehr als irgendeiner in seinem Werk das Wertvollste der Wiener Eigenart ausschöpft. »Er machte«, schrieb ich nach seinem Tode, »in einer hingeworfenen Bemerkung die Banalität selbst zum lyrischen Ereignis. Er philosophierte in drei Sätzen in die Benutzung der Zahnbürste eine Weltanschauung hinein. Er war der konkreteste Denker, der je in deutscher Sprache geschrieben hat. Alles Typische galt für ihn nicht, da es abstrakt war. Nie hat er das Lob der Frau schlechthin gesungen, immer nur das der besonderen Frau. Wenn er von Schönheit sprach, war es die Schönheit seiner zeitlichen Geliebten.« Und diese Konkretheit, glaube ich, ist das Merkmal Wiens, in seinen Vorzügen und seinen

Mängeln. Das Wienerische, das ist die Abwesenheit der Abstraktionen, es ist das Sinnhafte und damit auch das Beschränkte, und es geht eine gerade Linie von der Denkweise Peter Altenbergs über den Kampf Karl Kraus' und die Kritik Alfred Polgars bis zur Konkretisierung der Seelen durch den Wiener Sigmund Freud.

Mein erstes Wiener Kabarett-Engagement musste ich vorzeitig abbrechen, zum Glück bloß zwei Tage vor seinem natürlichen Ablauf. Mein »Nachtlicht«-Chef Henry, in Rage gebracht durch eine Anrempelung in der Fackel, nahm an deren Herausgeber brachiale Rache. Ich saß mit Karl Kraus in einem Weinlokal, als die Kollegen vom Kabarett erschienen und an einem andern Tisch Platz nahmen. Plötzlich stürzte sich Henry auf Kraus, den er buchstäblich bis zur Bewusstlosigkeit verprügelte; es war höchst widerwärtig und roh. Ich lag, in dem Drange, Frieden zu stiften, beiseite geschoben, mit verstauchtem Finger, zerbrochenem Kneifer und zerfetztem Engagementsvertrag in einer Ecke am Boden, während Peter Altenberg seufzend zwischen den verwaisten und derangierten Tischen umherirrte und mit den Worten »Ich bin verzweifelt« von Freund und Feind die Sektreste austrank.

Als ich im Herbst wiederkam, musste ich in dem selben Weinrestaurant meine Brettlkünste zeigen, in dem das erste Wiener Gastspiel so rabiat geendet hatte. Das Kabarett, das mich hierher engagiert hatte, hieß »Simplicissimus«, sein Direktor war derselbe Josef Vallé, der schon in München mit seinen »Sieben Tantenmördern« die »Elf Scharfrichter« abgelöst hatte, und unsere Diva war die schöne junge Mary Irber, Frank Wedekinds *Venus Duplex Amathusia*, die mir noch bei verschiedenen späteren Kabarettgastspielen eine liebe, stets freundschaftlich gesinnte Kollegin gewesen ist. – Sonst umschloss mich im Herbst 1906 derselbe Menschenkreis wie im Frühling, und seitdem habe ich Wien nicht wieder gesehen. Denn als ich 1925 hin wollte, da durfte ich nicht über die Passauer Grenze. Aber davon reden hieße andere Grenzen überschreiten.

»Was gehen andere Leute meine Erlebnisse an?«
Ein Nachwort von Gunna Wendt

Memoiren schreibt man gleich für andere. Daher habe ich die Frage: Was gehen andere Leute meine Erlebnisse an? besser so zu formulieren: Welche meiner Erlebnisse gehen andere Leute an?

Diese Fragen stellt einer, der ein großes autobiografisches Werk hinterlassen hat, und beantwortet sie umgehend selbst: *diejenigen, die nicht meine Erlebnisse allein sind, sondern in irgendwelcher Beziehung zur Zeitgeschichte, zur Kultur und zur Kennzeichnung der Gegenwart stehen.*

Siebentausend Seiten in zweiundvierzig Tagebuchheften, von denen fünfunddreißig erhalten sind, hat der 1878 in Berlin geborene und 1934 im Konzentrationslager Oranienburg ermordete Dichter, Chronist und Anarchist Erich Mühsam von 1910 bis 1924 gefüllt. Er erzählt sein Leben als Fortsetzungsroman in vielen Folgen, als Dokudrama, in dem sich persönliche Erlebnisse und Reflexionen vor historischem Hintergrund entfalten.

Vor der Vernichtung bewahrt hat dieses Werk seine Ehefrau. Es gelang Zenzl Mühsam kurz nach der Ermordung ihres Mannes, seinen schriftlichen Nachlass vor der Beschlagnahmung zu retten und nach Prag zu schmuggeln. Dort lebte sie ein Jahr im Exil, bevor sie 1935 in die Sowjetunion ging, wo man ihr versprochen hatte, sich um die Publikation und die Übersetzung der Werke Erich Mühsams zu kümmern. Bei der Sichtung des umfangreichen Materials verschwand ein Teil der Schriften, und im Rahmen der Stalin'schen »Säuberungen« wurde Zenzl Mühsam verhaftet, als Trotzkistin angeklagt und eingesperrt. 1955 wurde sie nach achtzehn Jahren Gefängnis und Straflager entlassen und übersiedelte in die DDR. Dort setzte sie sich bis zu ihrem Tod im Jahr 1962 mit aller Kraft und gegen alle Widerstände für die Veröffentlichung der Werke ihres Mannes ein.

So ist also, wenn meine Absicht gelungen sein sollte, einiges Licht gefallen auf einen begrenzten Bezirk nicht gerade öffentlichen, aber das öffentliche Geschehen beeinflussenden Lebens der Vorkriegszeit, kommentierte Erich Mühsam seine *Unpolitischen Erinnerungen*, die erstmalig 1927–1929 als Feuilletonserie in der Berliner *Vossischen Zeitung* publiziert wurden. *Das Verhalten künstlerischer Menschen im Wechselspiel ihrer Beziehung zueinander und zu ihrer Zeit sollte gezeigt werden, und da einer der Ihrigen die Vorführung unternahm, so konnte nur eine autobiographische Arbeit entstehen.*

Tagebuch, Memoir, Autobiografie und Biografie sind von jeher ebenso beliebte wie umstrittene Genres, die literarisch zwischen allen Stühlen stehen. In der Literaturwissenschaft etwa unterscheidet man streng zwischen wissenschaftlicher und literarischer Biografie, in den Feuilletons und Buchhandlungen ist man sich unsicher: Gehören sie in die Literatur- oder in die Sachbuchabteilung? Verfasser wissenschaftlicher Biografien distanzieren sich von Romanbiografien und berufen sich auf ihren eigenen Wahrheitsanspruch.

Ähnlich ist es mit der Autobiografie und dem Memoir; auch dabei wird das Thema Wahrheit in den Mittelpunkt gerückt. So wurde Lena Christ, Autorin der *Erinnerungen einer Überflüssigen*, mit Zweifeln am Wahrheitsgehalt ihrer autobiografischen Schilderungen konfrontiert. Der Vorwurf lautete, es handle sich dabei nicht um einen Tatsachenbericht, sondern um ein literarisches Werk, also um Fiktion. Aber worin besteht der Unterschied? Ist die Verwendung sogenannter seriöser Quellen, ist die chronologische Aneinanderreihung von Fakten schon der Beweis für den Wahrheitsgehalt?

Lena Christ verstand ihre *Erinnerungen einer Überflüssigen* sehr wohl als realistische Erzählung ihres Lebens, die sie als Schriftstellerin mit literarischen Mitteln gestaltete. Dazu gehörten für sie akzentuierte Darstellungen genauso wie dramaturgische Zuspitzungen. Sowohl das Schöne und Gute als auch das Hässliche und Böse überhöhte sie, um es ins Scheinwerferlicht zu setzen – mit gedämpfter Beleuchtung gab sie sich nicht zufrieden.

Erich Mühsam erklärt diesen Vorgang in seinen *Unpolitischen Erinnerungen* so: *Persönliche Erinnerungen schreiben ist etwas anderes als Geschichte schreiben. Beteiligtes Erleben setzt sich anders im Gedächtnis fest als aus vergleichendem Studium ermitteltes Geschehen.* Emotionen spielen nicht erst bei der Darstellungsweise, sondern bereits bei der Auswahl der Ereignisse eine zentrale Rolle. Diese

Ereignisse zu strukturieren betrachtet Mühsam als anspruchsvolle Aufgabe autobiografischen Schreibens. *Memoiren schreiben heißt Inventur aufnehmen, heißt Erlebnisse registrieren, heißt einen Schlußstrich ziehen unter eine abgeschlossene Rechnung.* Dabei ist allerdings zu bedenken, dass dieser Schlussstrich ein willkürlicher ist, also eine Momentaufnahme bedeutet, bei welcher der Zeitpunkt der Selbst-Erzählung große Bedeutung hat: Die Rückschau auf das eigene Leben ist bestimmt von dem Moment, an dem sie erfolgt, die Erinnerung ist bestimmt vom Augenblick des Erinnerns.

Steht das im Widerspruch zum Anspruch auf Authentizität? Sind nicht Erinnerungen immer gestaltet und streng genommen »erfunden«? Der Soziologe Pierre Bourdieu prägte dafür den Begriff »biographische Illusion« und wertete in seinem gleichnamigen Essay allein den *Versuch, ein Leben als eine einmalige und sich selbst genügende Abfolge von Ereignissen zu verstehen*, als absurd.

In seinem Roman *Das Echo der Erinnerung* spürt der Autor Richard Powers diesem Phänomen nach: *Ich habe versucht, mit dem Buch im Leser einen tiefen Zweifel zu wecken, nämlich den Zweifel an der Stabilität und der Zuverlässigkeit unserer eigenen Selbst-Erzählung, also dem Bild, das wir von uns selber haben und als solches wieder und wieder an andere kommunizieren.*

Diesen Zweifel hegt auch der Neurowissenschaftler David Eagleman, der in seinem Werk *Inkognito* zu dem Fazit gelangt: *Unsere Gehirne sind meisterhafte Erzähler, sie verstehen es ausgezeichnet, sogar aus eklatanten Widersprüchen eine stimmige Geschichte zu spinnen. Mit Hilfe von Geschichten ergeben verwirrende Informationen einen Sinn. Wir erzählen uns ständig Märchen, um uns die fremden Prozesse zu erklären, die unter der Haube ablaufen.*

Doch das geschieht im Wesentlichen unbewusst, wie Mühsam in den *Unpolitischen Erinnerungen* erklärt: *Ich war bemüht, in den zwei Dutzend Bildern, die ich seit fast eineinhalb Jahren an dieser Stelle aus einer vergangenen Kultur in die Erinnerung der Gegenwart projizieren durfte, nur die Wahrheit wiederzugeben. Es ist sinnlos zu lügen, wo hundert Zeugen auftreten können und alle behaupteten Tatsachen von lebendigen Kumpanen oder beweiskräftigen Dokumenten auf ihre Zuverlässigkeit zu untersuchen sind. Dabei würden ohne Frage objektive Irrtümer festzustellen sein, auf deren einzelne, allerdings völlig unwesentliche, ich auch schon in Zuschriften aufmerksam gemacht worden bin;*

subjektiv Falsches, Aufschneiderei, gewollte Färbung und Entstellung fände sich bestimmt nicht.

Die Schriftstellerin und Psychoanalytikerin Lou Andreas-Salomé berichtet in ihrem *Lebensrückblick*, dass sie es als kleines Mädchen schon liebte, ihrer Fantasie freien Lauf zu lassen und spannende Geschichten zu erzählen. Als sie eines Tages zusammen mit einer gleichaltrigen Verwandten von einem Spaziergang nach Hause kam, wurden die beiden nach ihren Erlebnissen befragt. Lou gab *ungekürzt ein ganzes Drama* von sich, worauf sie von ihrer Begleiterin fassungslos angestarrt wurde. Dann rief diese: *Aber du lügst ja!* Mit einem solchen Vorwurf hatte die kleine Lou niemals gerechnet. Umso extremer waren die Konsequenzen, die sie sich auferlegte: Sie verbot sich von diesem Zeitpunkt an, ihre Aussagen auszuschmücken, obwohl es ihr schwer fiel, auf die *phantastischen Beigaben zu den Wirklichkeitsvorgängen* zu verzichten – auf keinen Fall wollte sie als Lügnerin gelten. Doch wohin sollte sie mit all ihren Ideen, Vorstellungen, Einfällen? Es scheint beinahe zwangsläufig, dass sie sich eine Parallelwelt schuf, die sie zeitlebens bewohnte und so sorgfältig und detailliert ausstattete, dass sie ihr manchmal realer vorkam als die sogenannte wirkliche Welt.

Die Erinnerung kommt aus der persönlichen Beteiligung, nicht aus den Urgründen und der Logik der Ereignisse. Daher kann die reine Wahrheit eines Aussagenden nicht immer übereinstimmen mit der reinen Wirklichkeit, ist sich Erich Mühsam bewusst. Thomas Bernhard setzte sich über Reflexionen dieser Art unbekümmert hinweg. Er vertrat die Auffassung, nicht nur er selbst, sondern alle Schriftsteller (und Schriftstellerinnen) seien *Übertreibungskünstler*. Statt sich zu verteidigen, ging er in die Offensive, wenn er über sein literarisches Werk sprach: *Es ist alles übertrieben, aber ohne Übertreibung kann man gar nichts sagen.* In seinem Roman *Auslöschung. Ein Zerfall* ließ er die Hauptfigur erklären: *Meine Übertreibungskunst habe ich so weit geschult, dass ich mich ohne weiteres den größten Übertreibungskünstler, der mir bekannt ist, nennen kann. Ich kenne keinen andern. Kein Mensch hat seine Übertreibungskunst jemals so auf die Spitze getrieben.*

Da hatte Bernhard offensichtlich nicht an Franz Kafka gedacht, dem es gelang, auf einer einzigen Buchseite ein Ereignis so übertrieben gegensätzlich zu schildern, dass sich erst die Kombination der beiden Versionen des Geschehens der Wahrheit annähert. Sieht der Zirkusbesucher eine *hinfällige, lungensüchtige Kunstreiterin auf schwankendem Pferd* oder doch eine *schöne Dame, weiß und rot*, die zwischen den Vorhängen in die Manege hineinfliegt? Wird sie von dem *peitschenschwingenden erbarmungslosen* Direktor pausenlos im Kreis herumgetrieben? Oder verfolgt dieser staunenden Blickes ihre Darbietungen mit Ehrfurcht vor ihrer unbegreiflichen Kunstfertigkeit? Rennt ein junger Galeriebesucher vom obersten Rang die lange Treppe hinab in die Manege und ruft *Halt!* – oder legt er das Gesicht auf die Brüstung und weint, *ohne es zu wissen*?

Kafka zeigt in seiner Kurzgeschichte *Auf der Galerie*, dass die Wahrheit keine feste Größe ist, sondern immer wieder aufs Neue hergestellt werden muss – genau wie die Erinnerung, über die Richard Powers in seinem Roman *Das Echo der Erinnerung* befindet: *Nichts ist, wie es je war. War wahrscheinlich nicht mal so, als es noch war, wie es war.* Der Kontext bestimmt die Erzählung: der Raum, die Zeit, die Zuhörenden und die Adressaten.

Die Chance, das Leben eines Menschen nachzufühlen, besteht im Entfalten seiner Vielfältigkeit – nicht zu verwechseln mit dem

Bemühen um Vollständigkeit, denn die ist eine Illusion. *Ich galt ja wohl lange Zeit als »Prototyp eines Caféhausliteraten« und doch war es für niemanden ein Geheimnis, dass ich in Arbeiterzirkeln verkehrte, mit Zettelverteilung und Hauspropaganda Kleinarbeit tat, an Gruppenabenden Vorträge und in öffentlichen Versammlungen Agitationsreden hielt*, berichtet Erich Mühsam und ergänzt, er habe *als Angeklagter in politischen Prozessen vor dem Strafrichter* gestanden, was ebenfalls allgemein bekannt gewesen sei, *und jeder wußte, daß ich im Privatleben unter Künstlern zigeunerte, in Kabaretts lustige Gedichte, Schüttelreime und allerlei Bosheiten vortrug, mich in Berlin, München, Zürich, Genf, Florenz, Paris, Wien herumtrieb.* In fidelen Ateliers habe er, *ein Mädel auf dem Schoß, schlechte Witze* gerissen, ganze Nächte durchzecht.

Von all dem erzählt Erich Mühsam in seinen *Unpolitischen Erinnerungen*; die Bewahrung des Vergangenen dient ihm zur Selbstvergewisserung. Doch darin bleibt er nicht stecken, sondern er richtet seinen Blick in die Zukunft: *Ich schöpfe aus meinen unpolitischen Erinnerungen, und ich finde in ihnen Freude und Kampf und die Unbefangenheit zu leben, wie es lebendigen Geistern geziemt.*

Literatur

Lou Andreas-Salomé, Lebensrückblick. Grundriß einiger Lebenserinnerungen, Frankfurt a. M. 1979

Thomas Bernhard, Auslöschung. Ein Zerfall, Frankfurt a. M. 1986

Pierre Bourdieu, Die biographische Illusion. In: Praktische Vernunft – Zur Theorie des Handelns, Frankfurt a. M. 1998

Lena Christ, Erinnerungen einer Überflüssigen, München 1912

David Eagleman, Inkognito, München 2013

Franz Kafka, Auf der Galerie; in: Die Erzählungen und andere ausgewählte Prosa, Frankfurt a. M. 1996

Richard Powers, Das Echo der Erinnerung, Frankfurt a. M. 2006

Gunna Wendt, Lena Christ. Die Glückssucherin, München 2012

Mit der Kraft der Kraniche. Der Schriftsteller Richard Powers. Der Spiegel, 4. Dezember 2006

Zeittafel

1878
Erich Mühsam wird als Kind jüdischer Eltern, des Apothekers Siegfried Mühsam sowie dessen Frau Rosalie, geb. Cohn, in Berlin geboren. Er wächst in Lübeck auf.

1896–1901
Mühsam zeigt erste literarische Neigungen während seiner Zeit am Gymnasium Katharineum zu Lübeck. Wegen »sozialdemokratischer Umtriebe« (er hatte Berichte schulinterner Vorgänge an den *Lübecker Volksboten* weitergegeben) wird er schließlich der Schule verwiesen. Anschließend absolviert er eine Apothekerlehre.

1901
Umzug nach Berlin. In den folgenden Jahren arbeitet er als Journalist u. a. für die anarchistische Zeitschrift *Der arme Teufel* sowie für *Der Weckruf*. Kontakt zur »Neuen Gemeinschaft« und zur Künstlervereinigung »Die Kommenden«.

1904–1908
Wanderjahre und zahlreiche Reisen, u. a. nach München, Wien, Paris, Zürich und Ascona. Auf dem Monte Verità befreundet er sich mit Karl Gläser, dessen Ansichten zum freien Leben er teilt. In ihm reift der Plan, eine »Gesellschaft der Geächteten«, deren Mitglieder aus Bettlern, Huren und Verbrechern bestehen sollte, zu gründen, und zwar in München.

1909
Mühsam lebt nun in München-Schwabing und ist Teil der Boheme. Zu seinem Freundeskreis gehören u. a. die Schriftsteller Heinrich Mann, Frank Wedekind, Franziska zu Reventlow, Lion Feuchtwanger oder Oskar Maria Graf. In München gründet er auch die anarchistischen Gruppen »Tat« und »Anarchist«. In den folgenden Jahren arbeitet er für das »Münchner Kabarett« und für satirische Zeitschriften wie den *Simplicissimus*. Außerdem gibt Mühsam in den folgenden Jahren bis nach Kriegsende die Zeitschrift *Kain* heraus.

1915
Heirat mit Kreszentia Elfinger, genannt Zenzl, die einen Sohn aus einer anderen Beziehung hat. Die Ehe selbst bleibt kinderlos.

1918
Mühsam wird wegen Verstoßes gegen das politische Betätigungsverbot verhaftet und zu sechs Monaten Gefängnis verurteilt. Nach seiner Freilassung befürwortet er nach den Wirren der Novemberrevolution die Absetzung des Königs und die Ausrufung einer bayerischen Räterepublik.

1919
Gemeinsam mit Ernst Toller und seinem engen Freund Gustav Landauer wird Mühsam zum Ideengeber und Anführer der am 7. April ausgerufenen Münchner Räterepublik. Beim sogenannten Palmsonntagsputsch der republikanischen Schutztruppe vom 13. April des Jahres wird Mühsam verhaftet und im Zuchthaus Ebrach interniert. Bereits am 2. Mai wird die Räterepublik durch die Reichswehr und rechtsnationale Freikorpsverbände niedergeschlagen. Mühsams Freund Gustav Landauer wird brutal ermordet, Mühsam selbst zu fünfzehn Jahren Festungshaft verurteilt. Er gilt als »treibendes Element« der Münchner Räterepublik und daher als besonders verfolgenswert. Im Verlag Hirsch in Berlin erscheint im selben Jahr das Buch *1919. Dem Andenken Gustav Landauers*.

1920–1924

Aus der Festungshaft heraus setzt er sich für die Verständigung und ein gemeinsames Vorgehen von Anarchisten und Kommunisten ein. Aufruf zur Solidarisierung mit dem kommunistischen Russland, Korrespondenz u. a. mit dem bekennenden Antimilitaristen Kurt Tucholsky.

1924–1933

Amnestie und Umzug nach Berlin. In den folgenden Jahren Herausgeber der anarchistischen Zeitschrift *Fanal*. Mühsam engagiert sich auf vielfältige Weise für die Freilassung politischer Gefangener und wird zum Mahner gegen einen kommenden Krieg.

1933–1934

Nach der Machtergreifung der Nationalsozialisten wird Erich Mühsam verhaftet und im KZ Oranienburg interniert. Nach 16-monatiger »Schutzhaft« wird er von Mitgliedern der SS auf grausame Art ermordet.

Inhalt